SACRE DE CHARLES X

(29 MAI 1825) (1).

A chaque nouveau règne, le roi était armé chevalier et couronné par six pairs laïcs, et en même temps il était sacré par l'archevêque duc et pair de Reims (2), assisté de cinq pairs ecclésiastiques. Le roi était ensuite intronisé et annoncé comme nouveau souverain à toute l'Assemblée et au peuple qui se pressait dans le bas de la cathédrale et à ses abords. L'assistance l'acclamait; c'est ce qui complétait la sanction de l'autorité du roi. Les pairs étaient au nombre de douze, six de l'ordre civil et six de l'ordre ecclésiastique (évêques), et, dans chaque ordre, trois étaient ducs et trois étaient comtes.

L'archevêque, duc de Reims et pair de France, officiait, ayant devant lui le roi, et, à sa droite, quand il regardait le souverain et l'assistance, les six pairs d'ordre civil, savoir :

1° le duc de Bourgogne, portant la couronne du roi ;

2° le duc de Normandie, portant une lance pour le futur chevalier ;

3° le duc d'Aquitaine, portant de même une lance ;

4° le comte de Champagne, portant de même une troisième lance ;

5° le comte de Flandres, portant la bannière carrée;

6° le comte de Toulouse, portant l'éperon du futur chevalier et une des épées du roi ; il est Comte palatin.

L'archevêque-duc de Reims avait à sa gauche les cinq autres

(1) Voir tableau de Gérard, n° 1792, dans la 9ᵉ salle, n° 92, de l'aile nord, du 1ᵉʳ étage du château de Versailles.

(2) Légat-né du pape.

pairs ecclésiastiques, tous évêques, savoir :

1° l'évêque-duc de Laon, portant la sainte ampoule ;

2° l'évêque-duc de Langres, portant l'épée du roi ;

3° l'évêque-comte de Beauvais ;

4° l'évêque-comte de Noyon ;

5° l'évêque-comte de Châlons-sur-Marne, portant l'anneau royal.

L'archevêché ducal de Reims et les cinq évêchés avaient été prélevés autrefois sur le domaine royal pour constituer des pairies honorifiques. Celles-ci servaient à mettre en évidence le caractère privilégié de l'Ordre du Clergé et le caractère tout catholique de la royauté française dont chaque titulaire jurait et devait jurer à son avènement « qu'il extirperait l'hérésie du « royaume. »

Le souverain avait derrière lui son second, le Connétable, portant l'épée du roi, *au clair*, droite, la pointe en haut.

Mais avec l'avènement de la monarchie absolue et l'absorption de toutes les souverainetés de second ordre de la féodalité, il n'y a plus de pairs (*pares regis*), plus de ducs, plus de comtes gouvernant des provinces de la France. On ne peut plus composer le personnel traditionnel des grands seigneurs du sacre : il faut faire de simples représentations, par supposition et d'une manière tout arbitraire. C'est ainsi qu'au sacre de Louis XIV, le duc de Normandie est représenté par *César Monsieur*, duc de Vendôme, enfant légitimé de Gabrielle d'Estrées, pendant que le comte de Toulouse est représenté par Gaston de Nogaret, duc de Candale, de la famille du plus grand favori du roi Henri III.

Au sacre de Louis XV on trouve : 1° le Régent, gendre de Louis XIV et de madame de Montespan, par mademoiselle de Blois, ainsi que son fils ; 2° trois petits-fils de Louis XIV et de madame de Montespan, par mademoiselle de Nantes qui a épousé le petit-fils du grand Condé ; 3° enfin Louis-Armand II, prince de Conti, petit-fils de mademoiselle de Blois, fille légitimée de mademoiselle Labaume-Leblanc, que Louis XIV, par édit enregistré au Parlement en mai 1667, avait fait *madame de la Vallière* et avait créée *duchesse et paire héréditaire* de France, avec extension de ses droits et prérogatives à ses héritiers mâles, et à défaut de ceux-ci, à ses héritiers femelles.

L'altération de la belle cérémonie du sacre et du caractère de la famille royale est complète. En cela le Régent a suivi exactement les ordres écrits laissés par Louis XIV, ce qui a provoqué la juste indignation du duc de St-Simon (Mémoires du duc de St-Simon, t. XXXVIII, p. 91 à 106).

Louis XIV a autant abaissé et compromis la royauté qu'il a appauvri et ruiné la France. Il a eu pour principale préoccupation d'assurer un mariage princier à chacune de ses filles naturelles. Il ne put exécuter ce projet qu'en prenant des gendres dans sa propre famille. C'est ce qui fait qu'en réalité ce sont les gendres et les petits-fils des principales maîtresses de Louis XIV, mesdemoiselles de la Vallière et de Montespan, qui représentent les ducs et pairs et les comtes et pairs de l'ordre civil au sacre de Louis XV.

Le peintre Gérard, chargé de représenter la cérémonie du sacre de Charles X, dut éviter de montrer combien cette belle institution du sacre avait été dénaturée, et comment les grands seigneurs d'autrefois, puissants et indépendants ou pourvus de hautes charges dans le royaume, avaient été remplacés dans cette représentation officielle.

En effet ces seigneurs y ont été remplacés par les serviteurs directs de la cour et de la maison du roi, et même par des titulaires d'offices qui n'étaient attachés qu'au service de la personne du monarque. C'est ce que démontre la légende qui est au bas du tableau du sacre.

Voici l'énoncé des charges qui furent admises à tenir lieu des pairies ducales et comtales dans les ordres civil et ecclésiastique et les noms des titulaires de ces charges.

CHARGES DE LA COUR ET SERVICE PERSONNEL DU ROI :

Grand chambellan : le prince de Talleyrand ;

Chambellans du roi : le marquis de Boisgelin, le vicomte d'Ambly ;

Grand maître des cérémonies : le duc d'Uzès ;

Maîtres des cérémonies : le marquis de Rochemore, le marquis de Dreux-Brézé ;

Aide des cérémonies de France : le baron de St-Félix ;

Premier écuyer : le prince de Polignac ;

Grand veneur : le maréchal-marquis de Lawriston ;

Grand maître de la garde-robe : le duc d'Avaray ;

Maître de la garde-robe : le marquis de Boisgelin qui est aussi chambellan ;

Premier maître d'hôtel : le comte de Cossé-Brissac ;

Premier Gentilhomme : le duc d'Aumont ;

Gentilhomme de la chambre : le vicomte de Latour-Maubourg ;

Premiers aides de camp du roi : le duc de Maillé ; le duc de Fitz-James ;

Aides de camp du roi : le duc de Gussol, le prince Jules de Polignac, le vicomte de la Rochefoucauld.

MAISON MILITAIRE ET GARDES DU ROI :

Major-général de la garde royale : le maréchal Perrin, duc de Bellune ;

Major des gardes du corps : le baron de Clandève ;

Garde de la manche :	M. de Serre, tenant une hallebarde ;
Capitaines des 1re et 3e compagnies des gardes du corps :	les ducs d'Havré et de Croï, le marquis de Rivière ;
Capitaine-colonel des gardes à pied ordinaires du corps du roi :	le duc de Mortemart, général et dernier chevalier de l'ordre de St-Michel.

CHARGES DE LA COURONNE :

Le maréchal représentant le connétable de France :	le maréchal Jannot, de Moncey, duc de Conegliano ;
Le chancelier de France :	le vicomte d'Ambrai.

L'ARMÉE :

Maréchaux de France :	Comte Jourdan ; Mortier, duc de Trévise ; Soult, duc de Dalmatie, maréchal-général.

ÉPISCOPAT ET CARDINALAT :

L'Archevêque-duc de Reims :	le comte Lathil ;
Archevêques, évêques et cardinaux :	le cardinal de Clermont-Tonnerre, archevêque de Toulouse et évêque de Narbonne ; le cardinal de La Fare, archevêque de Sens et évêque d'Auxerre ; les cardinaux Dubois, Fleury et de Polignac, et le premier aumônier du roi.

Ainsi il n'est plus question de représenter les évêques ducs et pairs ou comtes et pairs de Laon, Langres, Châlon, Noyon et Beauvais. La famille royale, deux hérauts d'armes, les ministres, etc., complètent le personnel du sacre.

On n'a conservé de l'ancien personnel du sacre que l'archevêque de Reims et le Connétable, en y ajoutant deux charges de la cour, le grand chambellan et le Grand-maître des cérémonies, et une charge de la couronne, le Grand chancelier.

Il est à remarquer que, sauf le maréchal de Moncey qui a fait fonction de Connétable, les autres maréchaux de l'Empire ne sont placés sur le tableau qu'aux extrémités, et comme en surnombre. Le duc de Dalmatie, l'un deux, est cependant maréchal général comme l'avaient été Turenne, Villars et Maurice de Saxe.

Le peintre n'a pas voulu reproduire la cérémonie religieuse, puisqu'à cette solennité on n'avait ni observé, ni pu représenter les anciens usages de la couronne de France, tels que Lebrun et E. Signol les ont mis en évidence dans leurs tableaux qui rappellent les sacres de Louis XIV et de Louis XV. Il s'est soustrait à la difficulté ou à l'aveu de l'altération du sacre en montrant seulement l'intronisation, quand, après la cérémonie, le nouveau roi embrasse les membres de la famille royale et les grands dignitaires. Le duc d'Orléans est à la droite du roi, et, au milieu de tous ces serviteurs et de tous ces courtisans qui crient : Vive le roi ! », qui s'agitent pour faire acte de dévouement et qui se pressent autour du nouveau monarque, il observe une attitude calme, froide et expectante. Tous ces grands seigneurs s'agitent comme si la couronne et la personne du roi étaient en danger.

Les noms des dignitaires et des courtisans sont toute une leçon d'histoire et rappellent des faits qu'on aurait dû plutôt chercher à faire oublier. On voit en tête des dignitaires le prince de Talleyrand, qui a servi et a trompé tous les gouvernements et qui a reçu les plaques de vingt-cinq premiers Ordres de la chevalerie des monarques de toute l'Europe. On y trouve un seigneur dont la famille doit son élévation à ce fait que son chef épousa lui premier la fille naturelle d'un roi ; un nom qui est un pronostic pour les dangers de la réaction et pour la catastrophe qui mettra subitement fin à la dynastie des Bourbons; un nom qui rappelle les amours du roi ; un seigneur qui doit sa haute position à l'élévation que Louis XIV a donnée à son aïeul, afin de faire bénéficier les bâtards des Bourbons d'Angleterre des faveurs spéciales réservées à ceux des Bourbons du trône de France ; enfin un nom qui rappelle une famille que la faveur royale élevait à la position de duc et pair, sauf à prendre en même temps, dans cette même famille, une maîtresse en pied, ayant rang et charge à la cour auprès de la reine. Souvenirs importuns, pronostics fâcheux, on ne peut sortir de là, et il fallait s'y attendre avec le favoritisme des cours.

. Le tableau de Gérard (sacre de Charles X) fut l'objet d'une exposition spéciale dans le grand salon du Louvre en.... 1829 ; on ne pouvait différer d'une année. C'est encore là, avec le choix des noms des titulaires des charges représentées au sacre, une ironie du sort. Et là ce tableau devait faire pendant à l'*Entrée d'Henri IV à Paris*, par le même artiste ; autre ironie : *incipium et finis* ! Une dernière amertume attendait Charles X au moment précis et définitif de son abdication : Ce roi l'a trouvée sur la route de l'exil.

Charles X est tombé du trône avec une précipitation égale à l'inflexibilité des principes politiques qu'il voulait rétablir. Il n'est pas tombé sur la brèche, car il a offert une transaction, une capitulation, en cherchant à conserver des lambeaux du pouvoir. C'est ce qu'à fait aussi son successeur, qui n'a pas même conservé sa dignité dans toute sa chute.

Charles X, après les journées de juillet, après avoir abdiqué de fait à Rambouillet, s'est provisoirement retiré à Maintenon, et là, il a passé la nuit du 3 au 4 août dans la *chambre à coucher de la seconde femme de Louis XIV*, de cette femme qui, après avoir été protestante et humiliée comme telle, n'a pas su trouver dans son cœur de femme la plus légère inspiration de sentiment humain pour combattre la Révocation de l'Édit de Nantes, mesure qui était aussi inique que cruelle, et dont les conséquences ont été si fatales pour la France et pour la couronne. Le roi détrôné a dû faire là de tristes réflexions. L'opinion publique pardonne tout et beaucoup trop aux rois. Mais ceux-ci n'ont pas de pire ennemi que leurs caprices, l'impunité dont ils jouissent et l'absence de tenue et de dignité des courtisans. Le peuple n'ayant alors aucun droit politique, comment aurait-on pu venir ensuite lui demander de soutenir ou de rétablir les trônes que leurs maîtres et leurs courtisans se sont plu à ébranler et à renverser ?

Pour que rien ne manque à la leçon d'histoire du 4 août 1830, Charles X avait demandé l'hospitalité dans le château de Maintenon, chez les seigneurs qui, par alliance, sont de fait les petits neveux de Louis XIV. Il est sorti par la petite porte d'escalier (du XVᵉ siècle) au-dessus de laquelle on avait gravé sur la pierre une allégorie aux errements inflexibles de la religion catholique, un St-Georges à cheval perçant avec sa lance l'*hydre* de la libre pensée, de la liberté de conscience.

L'ex-roi n'était pas suivi à Maintenon par quelques troupes françaises restées fidèles, par quelques compagnies ou escadrons de cette belle garde royale. Non, il était suivi par des compagnies de suisses, par des citoyens suisses, fort déconcertés du rôle qu'ils jouaient et de l'erreur qu'ils avaient commise. Ils pouvaient aussi se rappeler combien leur présence avait autrefois compromis le dernier des Valois et le dernier roi de l'ancien régime.

Le 4 août, l'ex-roi fit ses adieux à ses Suisses, à 4 kilomètres au-delà de Maintenon, et les remercia de leur fidélité. En ne voyant plus devant lui que des *soldats étrangers*, il dut penser combien lui-même était *étranger* à la France. Avec une armée nationale, les institutions s'impreignent forcément d'un certain respect des droits du peuple, du moins dans une certaine mesure et les trônes avec cette faible concession se conservent encore malgré leurs faiblesses, leurs fautes et leurs erreurs. C'est le spectacle qu'offre encore l'Europe monarchique à la fin du XIXe siècle, en présence du trône effondré de France, sur lequel, en cent ans, cinq régimes dynastiques, tous différents les uns des autres, ont vainement tenté de se maintenir, et n'ont été renversés ou abandonnés que par leurs propres serviteurs.

Après avoir fait ses adieux aux Gardes suisses, Charles X traversa Nogent-le-Roi et un peu plus loin, avant d'arriver à Dreux, il aperçut sur la hauteur le village de Crécy-Couvré, dans lequel son aïeul, Louis XV, avait fait don d'un château à la marquise de Pompadour. Un roi de France qui recherche le nom de Crécy ! mais il avait une formule : « Après moi, Berry (*Louis XVI*) s'en tirera comme il pourra !... »

Il faut revenir au tableau du sacre pour achever d'en recueillir les enseignements qu'il renferme. Il semble que le roi fait ses adieux à sa Cour et qu'il part pour l'exil. Ce n'est pas un sacre, ce sont les adieux de Rambouillet, tant il est vrai qu'il y a un rapport réel entre la cérémonie du sacre et la validité du règne que ce sacre vient inaugurer.

Dans le tableau mouvementé et confus de Gérard, quoiqu'il ait été fait à l'aide de documents authentiques et de souvenirs des plus précis, rien ne rappelle la sage ordonnance, la dignité, les garanties d'ordre supérieur de la belle et majestueuse institution du sacre des rois. La royauté disparaît et l'on voit trop ses embarras et la position précaire de ce troisième frère avec lequel deux fois déjà avait fini de régner une branche de la maison de France et même inopinément.

Les Maréchaux de l'Empire *sont admis* au sacre, mais, sauf

Jannot (de Moncey), au dernier rang. Louis XVIII, à sa rentrée a conservé et maintenu dans leurs beaux appointements les anciens Maréchaux de l'Empire qui s'étaient illustrés sur tant de champs de bataille en combattant pour la France contre les propres défenseurs de sa cause, mais sans aller au-delà et même sans leur donner un emploi.

C'était là une grande concession, et il en résulta souvent des froissements pour les anciens Maréchaux de l'Empire. Cette concession était d'autant plus grande qu'à la même époque tous les anciens partisans de Napoléon étaient recherchés, traqués, destitués, emprisonnés et au besoin fusillés. Bonaparte lui-même, écrit dans ses mémoires à Sainte-Hélène, qu'on ne peut pas s'attacher successivement à gages à deux dynasties qui ont été rivales, et que Louis XVIII doit écarter surtout de l'armée les anciens serviteurs de l'Empire. Il était loin de soupçonner l'existence actuelle d'une République sous laquelle le titre de républicain est une cause de disgrâce, tandis que les défections et les manifestations hostiles des fonctionnaires de tout ordre sont un sûr garant pour obtenir des places et des faveurs.

La fusion ne pouvait donc être complète entre les officiers sous la Restauration, et, pour n'envisager que la position des Maréchaux, entre les uns, nommés par l'Empire, et les autres, nommés par les Bourbons. La ligne de démarcations s'accentue comme on le voit au sacre, le 29 mai 1825, et comme on l'avait vu deux ans auparavant, quand la royauté française, fidèle au *pacte de famille* et *subissant les ordres des souverains de la Sainte Alliance*, alla combattre la nation espagnole pour lui imposer le descendant direct de Louis XIV, le fanatique Ferdinand VII.

Le *Moniteur universel*, rendant compte de la composition de l'armée expéditionnaire, s'exprime ainsi :

1er Corps, *Sa Seigneurie*, M. le Maréchal Oudinot, duc de Reggio ;

2ᵉ Corps, *Son Excellence*, M. le Maréchal, comte Molitor ;

3ᵉ Corps, *Son Excellence*, M. le Maréchal de France, prince de Hohenlohe ;

4ᵉ Corps, *Sa Seigneurie*, M. le Maréchal Jannot de Moncey, duc de Conegliano ;

5ᵉ Corps, *Son Excellence*, M. le Maréchal, marquis Law de Lauriston :

Réserve : Le Lieutenant-Général, comte de Baudesaule, marquis de Pommereux.

Les mots *Seigneurie* et *Excellence* indiquent la ligne de démarcation qui existait entre la noblesse de l'Empire faite par Napoléon, comme si un chef d'État peut créer une noblesse, comme si celle-ci n'aurait pas dû lui être antérieure et supérieure|, et les représentants quoique bien abaissés de l'ancienne féodalité.

Sous les *vrais rois de France,* c'est-à-dire jusqu'au XVᵉ siècle, sous ces rois qui s'honoraient du mot d'*Altesse,* Juvénal des Ursins parlant du pauvre fou Charles VI, du dernier descendant direct de Saint Louis, l'appelle : *Sa Seigneurie.* Depuis cette époque les termes de la grandeur ont fait des progrès. C'est à ce point que sous la troisième république un prince-duc s'adjugeait lui-même le terme de *Monseigneur,* expression d'adulation qui ne peut être en usage que dans une cour, sous une dynastie.

La carrière militaire de Jannot, dont Napoléon fit le maréchal de Moncey, duc de Conegliano, est pleine de contrastes et elle constitue une des plus belles gloires de la Franche-Comté.

Deux fois Jannot s'engagea comme simple soldat, et deux fois il dut se faire racheter du service militaire parce que l'ordonnance de Louis XVI du 22 mars 1781 excluait de la position d'officier, sauf pour les milices, l'artillerie et pour les corps étrangers, quiconque ne justifiait pas au moins de quatre quartiers de noblesse paternelle, le sien compris. C'était là une rigueur qu'aucun roi n'avait encore osé édicter et qu'aucun roi n'avait encore songé à appliquer. La preuve en est qu'en 1781 le tiers des officiers était composé de roturiers.

Jannot s'engagea une troisième fois dans le corps privilégié des gendarmes de Lunéville; mais la Révolution survint, il en accepta avec empressement les principes et il devint sous-lieutenant après onze années d'épreuves et de lutte (1785). Dix-neuf ans plus tard, à 50 ans, en 1804, il fit partie de la première promotion des Maréchaux, de celle des 18 Maréchaux qui furent pour la tête de l'armée le *don de joyeux avénement* de l'homme qui, sorti de la Révolution, se retournait contre elle pour en détruire petit à petit les principes et les bienfaits.

Napoléon n'a parlé du Maréchal de Moncey que pour dire que c'était un *honnête homme*. C'est bien à cette honnêteté que ce grand général, que ce loyal franc-comtois doit d'avoir pu traverser des positions difficiles et d'avoir pu servir des dynasties rivales sans perdre sa dignité. Commandant de l'hôtel des Invalides il osa signaler les dépenses abusives de ce service; mais le Ministre de la Guerre le réduisit au silence. Chargé de présider le Conseil de guerre qui devait juger Ney, il refusa en déclarant que, malgré ses fautes, ce Maréchal bénéficiait de la capitulation. De Moncey fut aussitôt privé de son grade et emprisonné à Ham. Mais dès que l'émotion de ce drame judiciaire fut calmée, Louis XVIII, redevenu plus libre, rendit à de Moncey et la liberté et son bâton de Maréchal; quant au roi Charles X, il choisit de Moncey pour faire fonction de Connétable à la cérémonie de son sacre (19 mai 1825), c'est-à-dire, pour être son second.

Ainsi un homme qui avait dû, bien à regret, quitter deux fois l'armée comme militaire de troupe, est devenu Maréchal de France, malgré sa modestie et par son seul mérite. Ce Maréchal est celui qui a soutenu le dernier combat (engagement de la barrière de Clichy) qui ait été livré pour empêcher les Alliés de s'emparer de la capitale, et c'est lui qui est choisi pour figurer, et en faisant fonction de Connétable et de second du roi, au sacre du monarque qui était ramené et imposé à la France par ces mêmes Alliés.

Avant de rendre ses *Ordonnances de Juillet*, Charles X aurait dû se demander qui avait été son second à son sacre, et il aurait vu, au souvenir d'une pareille carrière, que malgré toutes les réactions aveugles, l'œuvre de la grande Révolution de nos pères suivait son cours.

Le sacre de Charles X était bien le précurseur d'une cérémonie d'adieu à la France et le peintre Gérard, sans s'en douter, a prédit l'avenir en en faisant le tableau sous ces allusions.

C. BOISSONNET,
SOUS-INTENDANT MILITAIRE.

Poligny, imp. G. COTTEZ.